VORWORT FÜR ALLE KINDER

Hallo!

Wie schön, dass du mein Buch in den Händen hältst. Bevor du es zum ersten Mal liest (oder dir zum ersten Mal vorlesen lässt), möchte ich dir kurz noch etwas erklären (ich weiß, Erklärungen von Erwachsenen können oft ziemlich langweilig sein, deswegen versuche ich, das möglichst kurz und knapp zu halten).

In diesem Buch geht es um Gefühle. Jeder von uns hat Gefühle, an jedem einzelnen Tag, und es gibt viele verschiedene davon. Manche kennst du vielleicht schon, von anderen hast du möglicherweise noch nie etwas gehört. Und um dir diese Gefühle zu beschreiben, vergleiche ich sie mit Dingen, die du gut kennst. Zum Beispiel so: *„Zufrieden zu sein, ist ein wirklich schönes Gefühl. Es ist ein bisschen so, als würdest du dich in einen langen, warmen Schal einkuscheln."* Mit solchen Vergleichen möchte ich dir helfen, die Gefühle besser zu verstehen.

Außerdem versuche ich, dir Ideen zu geben, wie du schöne Gefühle mit anderen teilen kannst, und wie du mit nicht so schönen Gefühlen gut umgehen kannst.

Toll wäre es, wenn du selbst auch Ideen entwickelst, mit deinen Gefühlen umzugehen. Ich würde mich freuen, wenn du am Ende dieses Buches gemerkt hast: ***„Es ist okay, sich so zu fühlen, wie ich mich gerade fühle."***

Und jetzt wünsche ich dir viel Spaß mit dem Buch!

Dein Flo

VORWORT FÜR ALLE ELTERN

Liebe Eltern,

als Papa von 4 Kindern weiß ich um die Gefühlsberge und -täler, die unsere Kinder tagtäglich durchlaufen. Freude kann sich mit Wut abwechseln, Lachen in Sekundenschnelle in Weinen umschlagen. Mit diesem Buch möchte ich sie und ihre Kinder auf eine kleine Entdeckungsreise durch unterschiedliche typische Gefühlswelten mitnehmen.

Neben den Beschreibungen der Gefühle biete ich auf jeder Seite Tipps an, wie man auf die jeweilige Emotion reagieren könnte, um dadurch zu lernen, die eigenen Gefühle wahrzunehmen, anzunehmen und damit umzugehen. Mir ist wichtig zu betonen, dass ich mit diesem Buch keinen Vollständigkeitsanspruch erheben möchte. Auch ist es nicht meine Absicht, psychologisches Knowhow weiterzugeben. Vielmehr ist mir daran gelegen, Denkanstöße zum Umgang mit Gefühlen - den schönen, aber auch den herausfordernden - zu geben und eine positive Selbstwahrnehmung bei Kindern zu fördern.

Lassen sie uns unsere Kinder ermutigen, sich mit ihren Emotionen offen und positiv auseinanderzusetzen, sodass sie am Ende dieses Buches sagen können: ***„Es ist okay, sich so zu fühlen, wie ich mich gerade fühle."***

Und nun wünsche ich Ihnen viel Freude beim Vor- oder Mitlesen.

Ihr M. Florian Walz

Text & Illustration: M. Florian Walz
www.mfwalz.com

Es ist okay, sich so zu fühlen.

Wie du Gefühle entdecken, verstehen und mit ihnen umgehen kannst.

Kennst du das? Du fühlst dich, als wäre dein Kopf ein knallroter, aufgepusteter Luftballon. Und mit jeder Sekunde wird der Luftballon voller und voller, und droht schon zu platzen! Das nennt man dann: **WÜTEND SEIN**. Es ist okay, sich so zu fühlen. Jeder von uns war schon mal wütend. Aber wirklich schön ist es natürlich nicht, wenn der eigene Kopf so ein roter Wut-Ballon ist. Was kannst du also tun, wenn du merkst, dass du wütend wirst?

Wie bei einem zu stark aufgepusteten Luftballon hilft auch hier erstmal: Etwas Luft rauslassen. Durchatmen. Und dann überlegst du dir, wieso du eigentlich so wütend bist. Wut kommt nämlich nicht von alleine. Vielleicht hat dich jemand geärgert? Oder dir ist beim Spielen etwas kaputtgegangen?

Wütend

Überlege, was dich so wütend macht und rede darüber. Mit deinen Eltern, einem guten Freund oder einem Kuscheltier.

Du wirst merken: oftmals kann es schon reichen, mit jemandem über die eigene Wut zu reden, damit etwas Luft aus deinem Wut-Ballon entweichen kann und er dann einfach mit einem leisen *Pfffff* davonfliegt.

Besorgt

Vielleicht kennst du das Gefühl, wenn man BESORGT ist? Also, wenn man sich dauernd um etwas Sorgen macht? Das fühlt sich dann ungefähr so an, als würde man auf ganz wackeligen Stelzen laufen. Egal, wie vorsichtig man ist, alles fühlt sich unsicher an. Auf deinen Stelzen stehen vielleicht Wörter wie „Schlechte Noten", „Der fiese Nachbarshund" oder auch „Ein lautes Gewitter", also die ganzen Sachen, um die man sich Sorgen machen kann.

Glaub mir: Jeder macht sich mal Sorgen, auch Erwachsene. Aber wichtig ist, dass man erkennt, dass man nicht auf diesen Sorgen-Stelzen herumlaufen muss. Stattdessen ist es viel besser zu sagen: Ich mache mir zwar Sorgen wegen der schlechten Noten, aber das Beste was ich jetzt tun kann, ist gut zu lernen. Denn davon, mir Sorgen zu machen, werden meine Noten nicht besser. Genauso kannst du beim Gewitter einfach zu Mama und Papa zum Kuscheln gehen, anstatt dir Sorgen zu machen.

Denn mal ehrlich: wer möchte schon gerne auf wackligen Sorgen-Stelzen durch die Gegend laufen?

Zufrieden

ZUFRIEDEN ZU SEIN ist ein wirklich schönes Gefühl. Es ist ein bisschen so, als würdest du dich in einen langen, warmen Schal einkuscheln können, den du selbst gestrickt hast. Kannst du stricken? Ich jedenfalls nicht. Aber ich weiß, wie sich ein toller Schal anfühlt. Und wenn ich den dann auch noch selbst gemacht hätte, wäre das ja gleich doppelt so gut. So kann sich Zufriedenheit anfühlen.

Du darfst diesen Zufriedenheits-Schal wirklich genießen, solche Momente sind sehr schön. Und wenn du magst, erzähl doch anderen von deinem Schal, oder leihe deinen Schal einem guten Freund. Das kannst du tun, indem du andere fragst, was sie selbst gut können. Und wenn sie dann merken, was sie in letzter Zeit gut gemacht haben, sind sie bestimmt richtig zufrieden, und fühlen sich auch, als wären sie in einen tollen, warmen Schal eingewickelt.

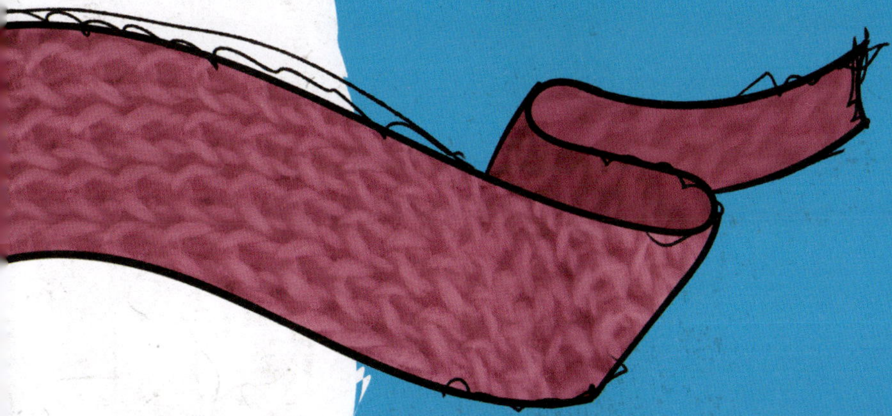

Hattest du schon mal das Gefühl, dass du draußen herumläufst, und jeder Schritt leichter ist als sonst? Fast so, als würdest du vor Freude schweben? Das nennt man dann FRÖHLICH SEIN.

Wenn du fröhlich bist, ist es, als hätten deine Schuhe viele kleine Sprungfedern an den Sohlen, und jeder Schritt ließe dich richtig weit durch die Gegend hüpfen.

Fröhlich zu sein ist wirklich schön. Denn Fröhlichkeit kann man auch super mit anderen teilen. Wenn du mal fröhlich bist, nimm einfach ein paar von den Sprungfedern von deinen Fröhlichkeits-Schuhen und schenke sie jemandem, der gerade keine Sprungfedern an den Schuhen hat. Das kannst du zum Beispiel machen, indem du einen Freund umarmst oder deiner besten Freundin sagst, was du toll findest an ihr.

Und weißt du, was das Beste ist? Mit Fröhlichkeit-Schuhen herumzuspringen, macht zu zweit oder dritt sogar noch mehr Spaß als alleine.

Fröhlich

Traurig

Kennst du das? Die Sonne strahlt, aber du fühlst dich, als würde dir eine dunkle Wolke folgen, egal wohin du gehst? Das nennt man dann TRAURIG SEIN.

Es ist okay, sich so zu fühlen, und jedem geht es mal so. Aber wenn du möchtest, dass diese Traurigkeits-Wolke verschwindet, dann schau dir deine eigene Wolke mal genau an: sieht sie vielleicht aus wie ein Mitschüler der dich immer ärgert? Oder sieht sie aus wie eine schwierige Hausaufgabe? Und wenn du dann entdeckt hast, wie diese Wolke aussieht, dann stell dir vor, wie ein starker Wind aus schönen Gedanken die Wolke wegpustet. Der Wind könnte zum Beispiel ein Spielenachmittag bei deinem besten Freund sein. Oder eine feste Umarmung von deiner Mama.

Du hast im Leben viele starke Winde, die deine Traurigkeits-Wolke wegpusten können, vergiss das nie!

Dankbar

Kennst du dieses Gefühl, wenn man richtig DANKBAR für etwas ist? Es ist dann so, als hättest du eine große Lupe, unter der du alles, was du gerne hast, noch größer und genauer und schöner siehst.

Es ist schön, dankbar zu sein und sich über das zu freuen, was man gerne hat. Wenn du merkst, dass du an einem Tag mal so richtig dankbar bist, dann genieße das, und teile deine Dankbarkeits-Lupe mit anderen. So können auch sie das, was sie gerne haben, noch viel genauer anschauen und sich daran erfreuen.

Weißt du, was EIFERSUCHT ist? Stell dir vor, in deinem Garten sitzt eines Tages ein wunderschöner Vogel. Er ist so schön, dass du rausgehst, ihn streichelst und ihm eine Schüssel mit Wasser und Futter rausstellst. Damit du ihn immer ansehen kannst, setzt du ihn in einen kleinen Käfig und stellst ihn in dein Zimmer. Wenn andere in dein Zimmer kommen, versteckst du ihn schnell im Schrank, damit du ihn ganz für dich alleine hast. Und damit er auch wirklich auf keinen Fall mehr wegfliegen kann, hängst du ein dickes Schloss an den Käfig.

So kann es auch mit anderen Dingen oder Menschen im Leben passieren: Sie sind dir so viel Wert, dass du aus Angst, sie zu verlieren, ganz eifersüchtig wirst und nicht bereit bist, sie mit anderen zu teilen oder sie auch nur loszulassen.

Eifersucht ist nicht gut. Und glaub mir, jeder war schon mal eifersüchtig. Aber wie bei einem wunderschönen Vogel ist es auch bei Menschen wichtig, sie nicht ganz alleine nur für sich selbst zu beanspruchen.

Eifersüchtig

Warst du schon mal so richtig NEIDISCH? Neid ist zum Beispiel, wenn dein bester Freund ein neues Spielzeug bekommen hat, und du auf einmal alle deine eigenen Spielzeuge nicht mehr so toll findest. Obwohl die eigentlich noch genauso aussehen wie gestern. Du hättest viel lieber das neue Spielzeug von deinem besten Freund.

Wenn du neidisch bist, ist es so, als hättest du eine schmutzige Brille auf, und weil die Brille schmutzig ist, sehen auch all deine Spielsachen auf einmal verschmutzt aus. So eine Neid-Brille ist eine wirklich blöde Sache, und so ziemlich jeder war schon mal neidisch. In solchen Momenten kann es helfen, sich einfach mal in Ruhe hinzusetzen, die Augen zu schließen (damit die blöde Neid-Brille nicht stört) und sich zu überlegen, für wie viele tolle Dinge man dankbar sein kann.

Du kannst zum Beispiel sagen: Ich bin dankbar für meine Eltern, meine Geschwister, für meine Freunde, und ja, auch für meine tollen Spielzeuge. Und wenn du dann die Augen wieder aufmachst, merkst du, dass du die Neid-Brille gar nicht brauchst, und kannst sie einfach abziehen.

Neidisch

Genervt

Stellt dir vor, du hättest deinen Lieblingspullover an, aber irgendwas wäre anders als sonst: Der Pullover kratzt unangenehm. Am Rücken, am Arm, am Bauch, am Hals. Er juckt und kratzt, egal was du machst. Ungefähr so ist es, wenn man GENERVT ist: alles und jeder stört. Und glaub mir, ich kenne das. Ich habe oft auch einen Nerv-Pullover an, der mich kratzt und kratzt und kratzt.

Es ist okay, sich so zu fühlen. Aber schön ist es natürlich nicht, wenn man so genervt ist. Weißt du, wie du diesen kratzigen Pullover aus Genervt-Sein-Wolle wieder weich machen kannst? Zum Beispiel, indem du dich einfach mal einige Minuten alleine in dein Zimmer setzt und nichts machst. Nicht spielen, kein Buch lesen, einfach mal die Ruhe genießen. Das hilft deinem Nerv-Pullover, wieder richtig weich und kuschelig zu werden. Und du wirst merken, wie du nach und nach nicht mehr so genervt, sondern richtig schön entspannt bist.

Beleidigt

Weißt du, wie es ist, wenn man BELEIDIGT **ist?** Zum Beispiel, weil du unbedingt etwas haben wolltest, aber nicht bekommen hast? Oder weil du auf etwas länger warten musst als du eigentlich willst?

Beleidigt zu sein ist ein bisschen so, als hätte man die Ärmel seines Pullovers vor der Brust zusammengeknotet. Das Blöde ist: Man kann nichts dankbar entgegennehmen und auch niemanden mehr umarmen.

So ziemlich jeder kennt dieses Gefühl sehr gut. Und schön ist es natürlich nicht. Wenn du mal merkst, dass du beleidigt bist, dann denke darüber nach, wieso das eigentlich so ist. Und dann überlege dir, ob es dir besser geht, wenn du beleidigt bist. Wahrscheinlich geht es dir dadurch nämlich eher schlechter.

Die gute Nachricht ist: Du kannst deine zusammengeknoteten Ärmel frei bekommen, indem du ganz bewusst sagst: ich möchte gar nicht mehr beleidigt sein, sondern viel lieber dankbar sein für das, was ich jetzt schon habe. Wenn du das sagst und auch wirklich so meinst, kannst du möglicherweise beobachten, wie sich nach und nach deine Ärmel wieder entknoten. Und du wirst merken, wie viel besser das ist.

Wenn du ENTTÄUSCHT bist, kann sich das anfühlen, als würdest du eine große Portion schmelzendes Eis in den Händen halten: All die leckeren Eiskugeln zerlaufen zu Soße, fließen dir über die Finger und tropfen auf den Boden.

Wie kommt es, dass man enttäuscht ist? Das könnte zum Beispiel passieren, wenn etwas, auf das du dich riesig gefreut hast, nun doch nicht klappt. Es könnte auch sein, dass du einer Freundin ein Geheimnis anvertraut hast, und sie hat es einfach weitererzählt. Oder dein bester Freund ist nicht zu deiner Geburtstagsfeier gekommen, obwohl er es versprochen hat. Jeder von uns hat sich schon mal enttäuscht gefühlt. Und das ist kein schönes Gefühl.

Umso wichtiger ist es, dass du mit dem Menschen redest, der dich enttäuscht hat. Denn es ist wichtig, dass deine Freunde wissen, wenn sie dich enttäuscht haben. Vielleicht war es keine böse Absicht von ihnen, und sie haben gar nicht gemerkt, was sie getan haben. Durch diese Gespräche ist es so, als könntest du das tropfende Enttäuschungs-Eis gegen ein neues, leckeres Eis eintauschen.

Enttäuscht

Weißt du, wie es ist, wenn man richtig ängstlich ist? Also nicht nur ein kleines bisschen, sondern wenn einen wirklich die ANGST packt? Dann ist es so, als wäre der ganze Körper eingefroren, und man könnte sich fast gar nicht mehr bewegen. Angst ist wie ein eisiger Wind, der dich einfriert.

Aber es gibt zwei gute Nachrichten. Die erste ist, dass jeder, wirklich jeder schon mal Angst hatte. Sogar die stärksten Superhelden. Angst ist ein Gefühl, dass jeder Mensch kennt. Wenn du keine Angst kennst, bist du kein Mensch. Die zweite gute Nachricht ist, dass du etwas gegen diese Angstkälte tun kannst: rede mit deinen Freunden oder mit deinen Eltern über deine Ängste.

Führe dir außerdem immer wieder vor Augen, dass du schon ganz schön mutig bist. Kannst du Fahrrad fahren? Dann hast du irgendwann mal deine Angst davor überwunden, hinzufallen. Kannst du schwimmen? Dann hast du deine Angst vor dem Wasser überwunden. Du bist viel mutiger als du es manchmal vielleicht merkst. Und all diese Erinnerungen und Gespräche sind wie ein schöner, warmer Sonnenschein, der die Angstkälte schmelzen lässt, sodass du dich wieder frei von Angst bewegen kannst.

Ängstlich

Fühlst du dich manchmal SCHULDIG?
Man könnte dazu auch sagen: Ein schlechtes Gewissen haben. Das ist so, als würde man einen viel zu schweren Rucksack auf den Schultern tragen.

Wenn es dir mal so geht, dann überlege, wieso sich dieser Rucksack so schwer anfühlt. Sind dort vielleicht Dinge drin, die dir ein schlechtes Gewissen machen? Vielleicht hast du etwas Gemeines gesagt? Oder hast du heimlich Schokolade genascht, obwohl du wusstest, das solltest du nicht? Oder warst du fies zu einer guten Freundin?

Schau genau in deinen Rucksack hinein und hole alles raus, was da nicht hineingehört. Manchmal hilft es, gemeinsam mit anderen diesen Rucksack auszupacken. Und du wirst sehen, je leerer und leichter dieser Rucksack wird, desto besser geht es dir.

Schuldig

Aggressiv

Wenn man AGGRESSIV ist, dann ist das so als hätte man eine riesige Batterie auf dem Rücken, und die Batterie würde einen die ganze Zeit mit zu viel fieser Power versorgen: jede Frage nervt, und anstatt normal zu antworten kannst du nur laut schreien. Beim Fußball wird jeder umgeschubst der im Weg steht, und jedes Spiel endet mit Streiterei.

Aggressiv zu sein ist nicht schön, denn es tut anderen meistens früher oder später weh. Wie wird man so eine Aggressions-Batterie also los? Oft hilft es schon, wenn du die ganze Energie der Batterie aufbrauchst.

Wenn du also merkst, dass du wieder einmal aggressiv bist, dann bitte deine Eltern, dass sie etwas Sport oder einen langen Spaziergang mit dir machen. Das verbraucht nämlich Energie, und ehe du dich versiehst, ist die blöde Batterie mit zu viel Energie leer, und du kannst wieder ganz normal spielen, ohne anderen weh zu tun.

Kennst du das Gefühl, wenn du auf etwas, was du geschafft hast, richtig STOLZ bist? Zum Beispiel, wenn du erster warst in einem Wettlauf, oder wenn du beim Sport ein Tor erzielt hast? Das nennt man dann stolz sein.

Stolz zu sein auf etwas kann eine tolle Sache sein. Das ist ein bisschen so, als hätte man lauter Glitzer auf seiner Haut und auf seiner Kleidung, man funkelt und freut sich. Das Schöne ist, dass man diesen Stolz-Glitzer auch mit anderen teilen kann.

Frag doch mal deine beste Freundin oder deinen besten Freund, was sie besonders gut können oder worauf sie stolz sind. Vielleicht zeigen sie dir dann, dass sie gerade einen Handstand gelernt haben. Und wenn sie ihn dir zeigen und sich darüber freuen, dass es geklappt hat, werden sie selbst anfangen zu glitzern vor Freude und Stolz.

Stolz

verzweifelt

VERZWEIFELT zu sein ist kein schönes Gefühl. Es ist in etwa so, als hätte dir jemand eine ganz enge schwarze Mütze über die Augen gezogen und dich dann ganz oft im Kreis gedreht. Nun kannst du nichts mehr sehen und weißt nicht mehr, wo links und rechts ist. Du kannst noch nicht mal mehr loslaufen, weil du Angst hast, irgendwo gegenzustoßen. Aber du schaffst es nicht, diese blöde Mütze abzuziehen.

Verzweiflung ist ein wirklich blödes Gefühl. Das Gute ist, dass deine Eltern, Geschwister und Freunde dir helfen können. Denn auch, wenn du diese Verzweiflungs-Mütze nicht selbst abbekommst, so können doch andere dir dabei helfen. Sag ihnen, wieso du dich so fühlst. Vielleicht bist du verzweifelt, weil du etwas in der Schule seit Wochen einfach nicht verstehst, oder weil dich ein gemeines Kind jeden Tag ärgert.

Sobald du darüber sprichst, wird deine Verzweiflungs-Mütze etwas lockerer und sitzt nicht mehr ganz so eng auf deinem Kopf. Und schließlich können dir deine Freunde oder deine Eltern dabei helfen, sie abzuziehen. Dann kannst du endlich wieder klar sehen.

Gestresst

Kennst du das Gefühl, wenn es so scheint, als würden dir lauter Mücken um den Kopf schwirren, und ihr ständiges Summen und Herumfliegen vor deinen Augen führt dazu, dass du dich gar nicht mehr konzentrieren kannst? So fühlt es sich an, wenn man GESTRESST ist.

Vielleicht musst du noch viele Hausaufgaben erledigen, willst dich aber beeilen, weil du später noch zu einer Geburtstagsfeier eingeladen bist. Oder du musst los zum Klavierunterricht, bist schon zu spät, und dann findest du auch noch dein Notenheft nicht. Und schon schwirren dir wieder lauter Stressmücken um den Kopf.

Stress ist nicht schön. Von Stress kann man sogar krank werden. Deswegen ist es wichtig, dass du dir immer wieder Ruhepausen gönnst. Setz dich auf den Balkon und lies ein Buch. Oder male in deinem Zimmer in aller Ruhe ein Bild. Oder schau dir einfach mal an, wie der Baum vor deinem Fenster sich im Wind langsam hin- und her bewegt. Diese Ruhemomente mögen die Stressmücken gar nicht, und ehe du dich versiehst, sind sie schon weggeflogen und lassen dich in Ruhe.

GLÜCKLICH zu sein ist wie einen warmen Kakao an einem kalten Wintermorgen zu trinken: es erfüllt dich mit wohliger Wärme, egal wie kalt es draußen ist. Wenn du glücklich bist, ist es genauso: Es ist nicht so wichtig, was um dich herum geschieht, weil in dir drin eine Wärme ist, die nichts einfrieren kann.

Glücklich sein kannst du zum Beispiel dadurch, dass du ganz bewusst dankbar bist für die Menschen um dich herum die du gerne hast. Und das Tolle ist: Dieses Gefühl kannst du mit anderen teilen, so wie du einen warmen Kakao auch mit Freunden teilen kannst. Sag jemandem, dass du ihn gerne hast, und ganz bestimmt wird er dann auch eine Wärme wie von einem leckeren Kakao in sich spüren.

Glücklich

WELCHE GEFÜHLE KENNST DU?

Hier hast du Platz, sie aufzuschreiben. Überlege auch, wie du schöne Gefühle mit anderen teilen kannst, und wie du mit den nicht so schönen Gefühlen gut umgehen könntest.

SCHÖNE GEFÜHLE (und wie ich sie mit anderen teilen kann)

NICHT SO SCHÖNE GEFÜHLE (und wie ich gut mit ihnen umgehen kann)

Text & Illustration: M. Florian Walz

www.mfwalz.com

Printed in Poland
by Amazon Fulfillment
Poland Sp. z o.o., Wrocław

86195378R00030